Gedichte der Freiheit

Die poetische Apokalypse

Warum schreiben wir Gedichte?

Für mich selbst waren Gedichte eine Form der Selbstfindung. Ich bin auch anfangs gar nicht auf den Gedanken gekommen, Gedichte schreiben zu wollen. Gedichte sind in Ihrem Ursprung für mich kein Willensakt, da Gedichte sollen Sie authentisch sein, direkt aus der Seele geboren werden.

Kreatives Schreiben ist eine der sorgfältigsten Formen der Selbstreflexion. Es bedeutet, dass man sich dazu entscheidet, über seine Gedanken und Gefühle nachzudenken. Mit den Gedichten konnte ich meine Gedanken und Erfahrungen neu erkunden.

Meine Gedichte waren meine persönliche Lebenserfahrung. Ich sah, dass ich meine Gefühle in etwas Schönes transformieren konnte. Sonst unfähig im Umgang mit anderen Menschen konnte ich mich selbst in Gedanken und Worten reflektieren. Ich konnte mein Verlorenheitsgefühl in etwas Mutiges und meinen Schmerz in etwas Hoffnungsvolles verwandeln.

Gedichte schreiben war auch eine Form der Intimität. Gedichte schreiben bedeutet für mich, meine eigene Stimme zu finden, mein Herz zu öffnen und meine Erfahrungen zu bekräftigen. Ich bin kein Lyriker, ich bin ein Dichter. Was ist der Unterschied? Nun, für mich ist ein Lyriker jemand, der schöne Worte schreibt, um etwas zu beschreiben. Sie verwenden Metaphern und Simile, um ein bestimmtes Bild oder Gefühl hervorzuheben. Doch was ist ein Dichter? Für mich ist ein Dichter jemand, der Gedichte schreibt, um sich selbst auszudrücken. Es gibt keine Masken oder Täuschung - nur die Worte, wie sie aus meinem Herzen kommen.

Das Schreiben von Gedichten war für mich immer eine Form der Selbstfindung. Ich habe angefangen, Gedichte zu schreiben, weil ich mich selbst besser kennenlernen wollte. Sie sind eine Möglichkeit, meine Seele zum Sprechen zu bringen und dadurch auch mich selbst besser kennenzulernen. Darum finde ich die Definition von Kreativität als Schöpfungsakt auch wunderbar. Um subjektive Gedanken und Empfindungen in Form zu bringen, sind Gedichte ein tolles Werkzeug. Manchmal sind wir Menschen gestrandet und verletzlich in der Öde der Einsamkeit gefangen und es ist dann schwer, sich vor Augen zu halten, dass jeder Mensch seine eigene Wüste für die Erforschung des eigenen Seins nötig hat.

Still und melancholisch legen sich die Kilometer des angestrebten oder vorhergesehenen Weges ausgedehnt in das weite weiße Land aus. Wenn uns die Eintönigkeit zu übermannen droht und die Einsamkeit ist allgegenwärtig, ist es wichtig, die Schönheit dieser Melancholie zu erkennen und anzunehmen.
Es gibt eine tiefe Schönheit im Entwurzelten sein, denn es stellt uns auf die Probe – es fordert uns heraus uns selbst auf eine solche Weise zu entdecken. Es ist ein Ort, an dem wir

über uns nachdenken und erkennen, dass wir in unserer Einsamkeit mehr Freiheit finden, als jemals zuvor. Wir sind wir selbst weil wir es schaffen durch die Beschäftigung mit uns selbst uns der allgegenwärtigen Konditionierung zu entziehen.

Es ist nicht einfach, aber wir müssen bereit sein, uns auf die Einsamkeit und der mit Ihr einhergehenden Verlorenheit einzulassen, wenn wir wieder mit uns selbst verbunden sein wollen. Ich hatte immer das Gefühl, als würde ich im Tiefschlaf mit meiner Seele vereint und im Erwachen würde mein Bewusstsein aus meiner Seele heraus gerissen und als wollte mein Bewusstsein ein Teil meiner Seele gegossen in Form eines Gedichtes in die Welt retten. Gedichte, welche mein zerrissenes Inneres mit der Welt, welche ich bis heute nicht verstehe, vereinen sollten. Als ich ein kleiner Junge war, konnte ich nichts verstehen, die Welt und mich selbst nicht. Ich war ein Junge, der gegen die Welt rebellierte, dem vom Zahnarzt ein schwarzer Bohrer im abgebrochenen Schneidezahn steckte und über Jahre so herumlief. Heute weiß ich, das ist alles nicht so schlimm, weil Selbstachtung nichts mit Äußerlichkeit zu tun hat, aber in dem Moment, wo man beginnt seinen Platz in der Welt zu finden, wo das Begehren nach Glück die kleine Seele umtreibt, da fühlt es sich dramatisch an, sich selber nicht achten zu können! Wir alle haben unterschiedliche Gründe dafür, eine Verbindung zu Gedichten zu spüren: sei es, weil sie uns zum Nachdenken anregen, oder uns helfen abzuschalten und zur Ruhe zu kommen, oder aus vielerlei anderer Hinsicht.

Oft kennt man selbst nicht genau den Grund für seine Affinität zu Gedichten: aber für mich scheint es so zu sein, wie Carl Gustav Jung es formuliert, dass die Seelen der Menschen aus dem gleichen kollektivem Bewusstsein geschaffen und vielleicht auch untereinander, miteinander verbunden sind. Und dass darum ein Gedicht, welches nicht nur konstruiert, sondern wahrhaftig ist, als universelle Sprache zu verstehen ist, für Menschen, welche Ihr Unterbewusstsein intuitiv zu erahnen vermögen.Jeder Einzelne von uns ist etwas Besonderes, und wenn wir uns dies bewusst machen, können wir beginnen, unsere wahre Persönlichkeit zum Ausdruck zu bringen. Dabei gibt es kein richtig oder falsch - jeder drückt sich auf seine ganz eigene Art und Weise aus.

Viele Menschen finden Selbsterkenntnis und Selbstausdruck durch Religion oder Glauben. Sie entdecken in den Lehren einen Sinn und eine Kraft, die ihnen dabei hilft, sich selbst und die Welt um sie herum besser zu verstehen. Für andere ist es die Kunst, in Bildern, Gedichten oder Musik ihre Gefühle und Ideen auszudrücken. Oder vielleicht liegt ihr Talent darin, anderen Menschen zu helfen - als Freiwilliger in einem Sozialprojekt, als Mentor für Jugendliche oder als ehrenamtlicher Helfer in einem Seniorenheim, für mich sind es Gedichte welche mich, mir selbst näher bringen und mich mit der Welt aussöhnen. Eine Arbeitstherapie der Seele sozusagen.

Egal, welche Form des Selbstausdrucks du wählst - erlaube dir, deine Persönlichkeit rundum zum Ausdruck zu bringen! Finde deine Stimme und zeige der Welt, wer du bist! Den die Welt braucht nichts dringender als Authentizität.

Zaubersprüchlein

Silbermond und Sonnenklar,Wissen alle Kinder,
Akkadabra, Simsalabim sagen alle Münder:
Darum kann uns ein Licht aufgehen,
Warum kleine Leute:
Umso vieles schlauer
Als die Alten heute

Kleine Kinder, aufmerksam
Hört euch dieses Sprüchlein an
Akkadabra, Simsalabim
Bald werden alle Fragen
Silbermond und Sonnenklar!

Das Licht

Licht wir sehen dich bunt verspielt,
Wenn du durch ein Prisma schielst,
Unsichtbar ist offenbar,
Ist ansonsten kein Prisma da.
In tausend Regentropfen
Das bunte Farbenspiel
Das Licht ist auch gebrochen:
So sehen wir bunte Farben viel.
Darum du wandelbarer Begleiter

Erscheinst uns als Wellenreiter
Im Regenbogen springst du hin und her,
Doch wellig ist dein Charakter

Wenn wir durch ein Prisma schauen, sehen wir das Licht in all seinen verspielten Farben. Auch wenn es ansonsten nicht zu sehen ist, bricht es sich im Regen und taucht den Himmel in ein atemberaubendes Farbenspiel. Unser wandelbarer Begleiter, das Licht, erscheint uns als Wellenreiter, der im Regenbogen hin und her springt. Es sind seine welligen Eigenschaften, die uns verblüffen.

Trauriges Gedicht

Hunger, Tod und doch nicht Leben
Armut, Hunger, Elend, Schmerz
Trockene Lippen, sehnend Flehen
Unerträglich ist sadistisch, Tödlicher Scherz.
Wasser, Essen würgt das Leben;
Denn der Tod naht schon heran
Unvergesslich ist das Streben
Glück statt Todesqualen fortan
Und wenn zumal die Sterne blinken

Die Hoffnung in den Augen glänzt,
So kann nur der Mensch das Leid des
Anderen empfinden,
Der solcherlei Leid auch kennt!
Der traurige Gedanke, dass Hunger, Tod und Armut die Welt beherrschen, erschüttert und erinnert uns an das unermesslich Leid, das viele Menschen täglich erfahren. Dürre Lippen, die flehend beten, ein grausamer, tödlicher Witz, Wasser und Essen, die das Leben ersticken, und unvergessliche Sehnsüchte nach Glück wecken anstatt Todesqualen erleiden zu müssen. Doch die Welt sieht weg für Sie zählt nur immer mehr Reichtum anzuhäufen, als Schutzdamm gegen die Armut. Die Furcht vor der Armut steckt tief im Kapitalismus darum verschließt die Welt die Augen. Verlust an Leben, an Natur etc. wird einfach in der Gesamtrechnung abgeschrieben. Leider habe ich diesen Eindruck, so wirkt die Welt auf mich.

Das Unverzichtbare oder so!

Bist du Ying so fehlt dir Yang,
so läuft es oft im Lebensgang
Sehnsucht heißt der Seelenbrauch!
Braucht der Brauch nicht einen Bauch?
Libido lallt die schmollende Lippe,
findet Gier nicht ein Gerippe?
Leuchtet hell der sinnende Schein,
ist nicht Dunkelheit eine Pein?
Ist nicht Liebe ein Gespür?

Und Unverzichtbarkeit der Dank dafür?
So ist dem Toren alles Himmelreich!
Jedoch dem Narren alles völlig gleich!

Der Tor hat das Unverzichtbare
In seinem Herzen und in seiner Seele.
Er sieht die Liebe als Geschenk an,
Versteht sie als ein großes Glück - ohne Plan!
Denn beim sich lieben ist gegenseitig Rücksicht Tag für Tag
angesagt.
Es geht ums Verständnis miteinander zu leben,
Damit man auch im Dunkeln den Weg zusammen erhellen
kann
Durch die gegenseitige Liebe: So heißt
Unverzichtbarkeit ein dankbares Leben!

Haiku

Zahnlos lachend Faun,
Verschmitzt bist du ohnehin,
Auch ohne Zähne!

Der Faun erfreut jeden mit seinem schalkhaften Lächeln, das
so ansteckend ist, dass man es nicht vergessen kann, egal ob
er nun Zähne hat oder nicht. Seine Freude ist einfach
umwerfend und unvergesslich.

Die Tat eines Hirtenknaben

David schleudert Stein,
Geschickt mit kraftvollem Hieb,
Runter den Kopf!
Der Wind bläst heftig
Der Stein wölbt sich anmutig vorbei
Plätschert im See
Der See glitzert im Sonnenlicht
Die Wellen spielen auf dem Ufer
Wo die sanfte Brise weht.
Und doch ein kleiner Fels,
Er wirbelt durch die Luft,
Die breite Stirn sie schlägt stumpf gegen den Fels,
Sein Blick erstarrt,
Goliath wankt wie ein Riese im Wind
Und er fällt mit dumpfem Krachen hernieder,
Gefällt wie ein Baum,
Von einem Knaben bezwungen
Verweht sein Hochmut im Wind

Doch ein kleiner Stein,
Er fliegt durch die Lüfte,
Der edle Kopf knallt auf den Fels,
Starr sieht er aus,

Goliath schwankt wie ein Riese im Wind
Und stürzt dann mit einem lauten Knall hinab,
Fallend wie ein Baum,
Von einem Knaben besiegt.Sein Stolz verweht im Wind!.

Der 11. September (Sokratische Form)

Was ist Freiheit?
Das kommunistische Ideal?
Oder das kapitalistische Imperial?
Vielleicht gar die anarchistische Vernunft?
Das Leben ist ein Geschenk
Und der Tod ist ein Opfer:
In brüskierender Blindheit
Sowie in eifrigem Zorn.
Die Waagschalen der Gerechtigkeit;
Werden mit dem Schwert zerschlagen!
So schlägt Hochmut an die Küste des Lebens
wo Unversöhnlichkeit und Fanatismus herrscht.
So reißt die Schranken nieder und toleriert die Fremden
wieder;
Wie vor babylonischer Zeit!

Am 11. September steht alles im Zeichen der Freiheit. Wir
werden uns aber immer wieder die Frage stellen müssen, was
Freiheit wirklich bedeutet. Ist es die Umsetzung eines
kommunistischen Ideals, das kapitalistische Imperium oder
gar die anarchistische Vernunft? Das Leben ist ein Geschenk,
doch auch der Tod ist ein Opfer. Unsere Gerechtigkeit wird auf
Waagschalen ausgeschieden, die letztlich oft nur mit dem

Schwert zerschlagen werden. Doch wenn wir die Schranken des Fanatismus und der Unversöhnlichkeit niederreißen und Fremde wieder tolerieren, können wir eine Zeit der Freiheit erschaffen, wie sie Babylon vor uns kannten.

Die Ode der Unnachgiebigkeit und der Glaube an die eine große Liebe!
Fragen an die Liebe!

Wer sagt Dir das ich lechze nach deinem Gral der Unschuld,
Nach der Gnade deiner heiligen Unbeständigkeit?
Wer sagt Dir eigentlich das ich nicht gefeit bin gegen deine Koketterie, deine Vollkommenheit?
Wer sagt Dir eigentlich das ich mich deinem Willen beuge,
Warum glaubst du das ich willenlos wäre ohne Dich?
Wer sagt Dir eigentlich das ich nicht auch meinen Stolz habe.
Auch wenn du mein Herz schon hast.

Die Liebe erlebt ihren Odem der Unnachgiebigkeit, denn nur der Glaube an sie selbst macht sie stark. Doch wer sagt der Liebe, dass man ihr nicht widerstehen kann? Wer sagt ihr, dass man ihr willenlos unterworfen ist? Wer gibt der Liebe das Recht, meine Würde zu fordern? Nein, mein Stolz ist nicht ein kompromittierter Ort und mein Herz ist mein eigenes. Der Glaube an die eine große Liebe ist aber unerschütterlich und die Ode der Unnachgiebigkeit an mich selbst, wird immer lauter.

Wer sagt Dir eigentlich das ich nach deiner Pfeife tanze, (dein Narr bist Du Selbst!)
Denn was ist die Liebe wert wenn sie mich einschränkt statt befreit!

Die progressive Zukunft stellt sich vor!

Erst wenn Krieg als absurd erscheint,
Der Überfluss zur Dammbrechenden Last wird:
Erst dann wird der Samen von Demokratie und Humanismus befruchtet!
Der Gärungsprozess Gesellschaftlicher Entwicklung beginnt im Überdruss von Dekadenz.
Wenn alle Logik versagt!
Und die Welt nach Nachhaltigkeit ruft!
Dann erst kann das Baby von Demokratie und Menschlichkeit,
Aus der Gebärmutter der Menschheit herausgepresst werden.
Um im Licht der Welt, als Garant für Zukunft und Gerechtigkeit heran zuwachsen.

Erst wenn Krieg als absurd erscheint,
Der Überfluss zur Dammbrechenden Last wird:
Erst dann können Demokratie und Humanismus Früchte tragen.

Der Weg der gesellschaftlichen Entwicklung fängt an, wenn die Dekadenz überwunden ist.
Wenn jede Logik versagt,
Und die Welt nach Nachhaltigkeit ruft!
Dann erst können Demokratie und Menschlichkeit als Baby aus der Gebärmutter der Menschheit emporsteigen.
Um im Licht der Welt zu prägen und Gerechtigkeit in die Zukunft zu tragen.

Vergiss mein nicht!

Wo Engel Sterne pflücken
Und Bäume sinnlich rauschen,
Wo Quellen freudig sprudeln:
Da ist ein Vergissmeinnicht
Kein vergiss mein nicht!

Verweh nicht meine Liebe!
In jenem Ort, wo Engel Sterne pflücken,
Wo Bäume sanft im Winde rauschen,
Wo Quellen fröhlich plätschern:
Dort ist ein Vergessen unmöglich!

Prometheische Rede [Prometheus an den Fels gekettet zu den Göttern]

Es tobt das Herz, die Leidenschaften wüten,
Sie sind der Geist der mich zerbrach,
Ach könnt Ich Gott in Engelsarmen liegen,
Wo Sturm und Welten nicht,
Nur Stille Geist gebar!
Wo Sehnsucht nicht die Leiden kennt
Und Leidenschaften nicht den Geist.
Wo all das große Herz nicht Ängste mehr;
Noch auch Maximen: die Brust in Fesseln winden kann!
Da wird ein neuer Tag entstehen,
Dem auch ein neuer Geist entstammt:
Wo Hoffnung nicht ein Sehnen noch ein Flehen
Und auch nicht heilige Pflicht sein kann.
So hoff ich auf den neuen Tag!
So sehr auch der Schmerz den alten mag!

Mein Herz tobt vor Leidenschaft,
Die meinen Geist zermalmt,

Doch würde ich Gott in den Armen der Engel liegen,
Dann gäbe es nichts als Stille und Frieden.
Keine Sehnsucht würde körperliche Qual erleiden müssen,
Und keine Leidenschaft würde den Geist belasten.
Keine Ängste würden mein großes Herz beherrschen,
Und auch keine Maximen die Brust in Fesseln schmieden.
So harre ich dem neuen Tag entgegen,
Dem ein neuer Geist und neue Hoffnung entstammen wird.
Es wird kein Flehen oder Sehnen sein,
Nichts Heiliges das Pflicht heißt.
Ich hoffe trotz des Schmerzes des alten Tages
Auf bessere Zeiten!

Der Silberwald

Ihr Bäume steht in Silberstille
Schweigend dort im Wald herum,
Von Fern erkennt man Schweif und Sichel
Vom Stern beschienen Firmament.
Der Mond erscheint in grauem Schimmer,
Wie reckenhaft und urig grau
In dieser Sternbeschienen Nacht,
Die Ulmen wie von ferne schauen.
Ein Wald von silbergrauen Eminenzen
Als Heimstatt für der Vogelschar
Was singt und fliegt
Und springt und hüpft
Ist seiner Obhut offenbar!

Der Silberwald
Stille liegt im Walde hier,
Die Bäume schimmern silbern und sehr hell.
Von fern sieht man die Sichel und den Schweif am
Firmament.
Der Mond erhellt das Grau der Ulmen,
Unbeirrbar stehen sie in ihrer stolzen Pracht.
Ein Wald von silberfarbnen Eminenzen,
In dem eine Vogelschar lebt und sich freut.
Hier singen, hüpfen und flattern sie umher -
Einem unerschöpflichen Schatz gleich!

Schmelztiegel [nach Schiller die Glocke]

Freude, Freude klingt die Glocke
Gebrannt in heißem Odem Lehm des Körpers.
Schwestern, Brüder, Feuertrunken!
Im Abklang der Schöpfung welch ein Glück?
So Gott wacht über das Menschengeschick!
Brüder gleich,
Ob arm, ob reich?
Im Geiste frei?
Des Menschenerkenntnis tunlichst eigens Paradies.
Für Bettler Freund und Fürstenbrüder (Ironie)
Wirkt Freiheit, Gleichheit und reines Menschenrecht:
Dem Sternenzelte weit enthoben millionenfach gewahr.
Da ist des Meisters Lob und Segen
Im Werk des Menschen offenbar!

von Oben Reiche Fülle schon gegeben
Freude, Freude klingt die Glocke
Gehüllt im Licht des Friedenslohnes.
Schwestern, Brüder, alle dein!
Im Abglanz der Schöpfung welch ein Segen?
So Gott wacht über das Menschengeschick!
Brüder gleich,
Ob arm, ob reich?
In Freiheit friedlich vereint?
Des Menschenerkenntnis den Weg zum Paradies besiegelt.
Für Bettler Freund und Fürstenbruder (Ironie)
Wirkt Freiheit, Gleichheit und unverfälscht Menschenrecht:
Dem Sternenzelte weit enthoben millionenfach gewahrt.
Da ist des Meisters Lob und Segen
Im Werk des Menschen offenbar!
Von Oben Reiche Fülle schon gegeben auf Hochdeutsch. Der Schreibstil lädt ein zur inneren Vereinigung um äußere Zwänge abzuschaffen. Ein Aufruf zur Emanzipation der Menschheit gegen die Beherrscher von Geld und Zeit!

Das bipolare Possenspiel

Wie diffus ist die Welt?
Wie diffus die Wirklichkeit?
Taumel ohne Trubel!
Im Traume welch ein Jubel!

Die Welt ist sehr diffus und die Wirklichkeit kann schwer zu fassen sein. Doch auch im Traum können wir uns über das

Gefühl des Jubels freuen, so als ob alles in Ordnung wäre -
egal, wie diffus die Welt auch erscheinen mag.

Das Ideal (Michelangelo Buonarotti)

Fein strukturiert und proportioniert
Nimmt dein Körper sich aus.
In Mühe und Schmerz
Schaffst Du Bildhauer,
Die Figur jenes Körpers;
Skulptur des Menschen als Ideal.
Neues schöpfst du Künstler aus hartem Stein
Zu höchstem erkoren
In allen Maßen erhabenem
Um zu lenken das All.
Weißt du Wissender des Übels
Welches mich anglich plagt?
Umstand der Fülle
Grenzen des Wissens
Sowie im erkennen des Ideals.
Doch Skeptiker Du durchschaust,
Siehst nicht nur Schein!

Gottes Werk durch Michelangelo erschaffen,
Ewigkeit wird uns von seinen Bildern stets bewahren.
Als Meister des Künstlers, ein Schöpfer edler Formen,

Steht er für den Glanz des Endlosen und Ewigen.
Schönheit der Kunst in Marmor gebannt,
Ihr Ideal vollendet durch seine Hände.
Der Betrachter verzaubert vom Licht,
Das dem Körper und den Gedanken entströmt.
Erforscht die Wahrheit hinter allem Leben.
Durchdringt die Schichten des Unbekannten,
Um es zu verstehen und zu begreifen;
Es ist der Wille Gottes jenseits unseres Verstands.

Der Müllkrieg!

Das Leben unter Müll begraben,
Die Hoffnung auf Leben im Gewühl von Unrat versteckt!
Abgekippte Hoffnung einer Gesellschaft,
Die den Ballast von Wohlstand:
In die Hinterhöfe der Welt ablädt,
Dritte Welt Ecken wo Kinder auf Halden spielen,
sich vergiften, verletzen und sterben.
Moral eine Kategorie des Wahnsinns.
Die Utopie des Überlebens wird zur Farce,
Nur Reiche haben ein Patent auf Leben,
Und was bleibt der wohlhabende überlebt den Armen:
Ihm bleibt nur der Tod als Erlösung.
Aber seid gewiss! Selbst die größte Dekadenz,
Begräbt das Lachen dieser Kinder nicht unter Müll.
Ihre Körper werden verschwinden,
Aber das Kinderlachen bleibt ewiges Mahnmal:

Gegen die Dekadenz der Welt.
So lausche dem Wind

Der Wind trägt die Geschichten von Müllkriegen,
Von Hoffnungslosigkeit und Verfall.
Er erzählt uns vom Kampf der Armen um ein besseres Leben,
Um eine Zukunft jenseits des Elends
Er klagt an über die Korruption und den Missbrauch,
Die Reichen aus dem Westen gegenüber dem Rest der Welt.
Der Wind ist Stimme des Volkes, sein Protest gegen
Unterdrückung und Ausbeutung.
Es sind diese Kinder, deren Lachen nie verhallen wird;
Gleichgültig wieviel Müll auf ihnen lastet.
Ihr Widerstand gegen Armut und Ungerechtigkeit ist unser
Mahnmal:
Eine Erinnerung daran, dass es nicht in Ordnung ist
Menschen zu misshandeln und zu versklaven und durch
Ignoranz und Dekadenz zu schädigen.

Die Inflation des Lebens;
Semantische Fallstricke:
Es herrscht kein Mangel an Tod zu allen Zeiten
Auch ein Mangel an Hunger aber auch an Völlerei
Sind uns nicht unbekannt!
Wir könnten vielleicht meinen Dekadenz besässe
Seltenheitswerts!
Doch das inflationäre Possenspiel des Lebens,

Wird so ernst es ist; durch den Menschen zum billigen Produkt!

Das Leben lebt sich selbst, solang es lebt!

Die Inflation des lebendigen bedarf keiner Sorgfalt.

Die Natur wertet das Leben auf und ab. Doch zu guter letzt steigen wir alle ins nasse Grab hinab.

Die Inflation des Lebens ist eine brutale Realität.

Trotz aller Versuche, das Leben zu schützen und kostbar zu machen, wird es meist als selbstverständlich hingenommen.

Es gibt keinen Ort auf der Welt, an dem die Gefahr des Todes nicht besteht. Gleiches gilt für Hunger, Völlerei und Dekadenz.

Jedes dieser Dinge lohnt sich unter Umständen nicht die Mühe, teuer zu erwerben oder gar besonders gut zu pflegen, da man weiss, dass es irgendwann ohnehin vergehen wird.

Und doch liegt jedem Tag, jeder Sekunde ein einzigartiges Potenzial zu Grunde, das immer wieder neu entdeckt werden muss - ob nun leise oder laut! Schließlich ist es die Natur selbst, die über den Wert des Lebens richten muss - und letztlich alle wir unseren Weg ins Grab antreten müssen.

Unsagbares

Höre nicht was niemals zu sagen war,
glaube nicht zu glauben du wüsstest Bescheid!
Sage nur was wesentlich; unsagbares Verstecke hinter der Mauer.
Im Grün des Rasens, sandige Stacheldrahtverhaue: Tretminen..
Trete niemals mit der Stimme hinein.
Laute ungehörte Schreie, Knacken, Kreischen und gespürter

Kinderlachen und Sonnenschein.
Unerhört was niemals hörbar,
Ungesagt, was niemals sag bar!
Der Strudel spült mir das Hirn Blitz und blank,
Alles verschwindet vergessen im Bewusstsein.

Stille trübt das Wasser,
das Unsagbare verschleiert sich.
Gedanken, Gefühle und Träume bleiben unausgesprochen,
aufgehoben in der Traumwelt, wo keiner hingehen kann.
Tiefer Frieden liegt im Raum, die Seele schwebt über dem Zeitgeist,
wie ein Raunen ohne Klang.
Ein unsichtbares Band verbindet alles was niemals gesagt wurde -
unsterblich in der Weisheit des Herzens versteckt im unvorstellbaren des Schicksals!

Die apokalyptische Vorsehung!

Der Himmel klebt,
Die Engel fallen hernieder,
Seelen verfangen sich in ihm,
Wie fliegen in Fliegenbändern.
Der Teufel selbst vertreibt sein Seelenheer.
Alle steigen auf; nichts hält sie nieder:
Wo die Erde zur Hölle wurde.

Selbst die Sünder wollen reuevoll sich bekehren.
Die Inflation des höllischen hat Saison.
Der Ausverkauf von allem ist beendet.
Die Preise steigen, Zerstörung hält Einzug auf dem Planeten.
Der Mensch ist nun die gefährdete Art:
Und die Engel zeigen sich wohlgefällig
Und ziehen den diabolischen Herren gegen den Himmel
hinan!
Die Welt ist keine Bühne mehr fürs Leben:
Der Vorhang fällt der Schlussakt ward gespielt!
Der Zimmermann er flickt die gebrochenen Seelen.
Und der diabolische Herr spielt Harfe zum Totenfest.

Der Himmel ist dunkel und schwer,
Die Engel fallen wie Regentropfen auf die Erde herab.
Sie tragen die Seelen der Sünder in sich,
So als ob sie in Bändern gefangen wären.
Der Teufel versucht seine Armee zurückzuerobern,
Doch jeder will Rache nehmen und für seine Taten büßen.
Die Inflation hat ein Ende und alles geht den Bach runter.
Preise steigen und Zerstörung hält Einzug auf dem Planeten.
Der Mensch ist nun die am meisten bedrohte Art,
Und die Engel zeigen sich nicht mehr so erfreut über uns.
Die Welt ist nicht mehr die reizvolle Bühne des Lebens:
Der Vorhang für das Unheil wurde bereits gezogen!
Der Zimmermann repariert nun die gebrochenen Seelen,
Während der diabolische Herr zum Totenfest eine Harfe spielt.
Der Schreibstil ist poetisch und kraftvoll.

Grün

Das Blattwerk
Der starre Halm
Die salzige Olive
Saure Gurken
Würziger Brokkoli:
Impressionen von gesundem Glück!
Grün die Farbe der Hoffnung
Der Anstrich der Natur
Maigrün die Farbe des Mai
Die Augen eines schwarzen Jägers
Das kokette Antlitz von Verführung.
Die Wellen, der Wind welche durch Wiesen streifen:
Die Farbe des Aufbruchs für eine grüne Zukunft.
Grün ist die Welt welche dem Menschen leben schenkt.
Nur Idioten Leben auf einem roten Planeten
Somit ist Grün unsere gemeinsame Hoffnung.
Den Grün ist die Welt für unsere Kinder:
Auf dem blauen Planeten unter der gelben Sonne

Grün ist die Farbe der Hoffnung und des Lebens,
der Anstrich der Natur und des Aufbruchs in eine grüne
Zukunft.
Der Strahl der auf uns herab scheint, ist golden wie die Sonne,
die Wellen welche durch Wiesen streifen sind sein Blau.

Grün sind Bäume, Sträucher und Gartenblumen;
das Blattwerk, der starre Halm und saure Gurken –
Impressionen von gesundem Glück!

Die salzige Olive erweckt das kokette Antlitz von Verführung,
würziger Brokkoli lädt zum Genießen ein.

Doch Grün ist mehr als nur die Farbe des Mai.
Es ist unsere gemeinsame Hoffnung für unsere Kinder:
Auf dem blauen Planeten unter der gelben Sonne auf
Hochdeutsch
leben auch Idioten nicht auf einem roten Planeten.

Eine Träumerei von Demokratie

Jedermann meint wohl zu träumen,
Was heute ist und morgen war
Was noch nicht ist und niemals geschah
Wir hoffen auf ein Morgen weil heute niemand sah
Wo Träume uns verborgen
Wo Wirklichkeit noch war
Im Gestern waren wir noch voller Hoffnung
Im heute bereits ausgereizt
Was uns am besten schon geschah
Ist für uns morgen nicht mehr Wirklichkeit
So träumen wir davon und werden selbst zur Träumerei!
So leben wir fortan in unerfüllter Hoffnung nach
Lebenswirklichkeit.
Drum lasst uns lieber träumen

Ein Traum von Demokratie

Wir alle träumen einen Tag,
an dem jeder Mensch frei und sicher ist.
Wo Gerechtigkeit und Fairness herrschen,
wo jeder Stimme gehört wird.
Wo alle gleichberechtigt sind,
trotz unterschiedlichem Status oder Geschlecht.
Wo Rechte geschützt und Respekt vor denen gezeigt wird,
deren Ideale nicht mit unseren übereinstimmen.
Eine Welt der Chancengerechtigkeit und Vielfalt -
eines Tages hoffen wir auf eine solche Demokratie.

Der Tempelbaum

Der Tempelbaum hat Geisteskraft
Der Erinnerung reines Wesen
In seines Blattwerks Blätterdach
Dem Menschen Heim
Und der Gesundheit Heil gegeben.
Der Klosterbaum mit stinkender Macht
Mit Früchten zum Verwesen
Hat in seines Blattwerks Blätterdach
Auch dem Geist ein Heil gegeben

Der Tempelbaum ist ein Symbol für Macht und Weisheit.
Seine Äste sind mit grünem Blätterdach bedeckt,
Das die Kraft der Erinnerung hüllt und dem Menschen Heimat
schenkt.

Die Früchte des Klosterbaums bringen Wohlstand und Leben,
Doch manchmal kommen auch unerwünschte Dinge daraus
hervor.
In seines Blattwerks Blätterdach liegt auch hier noch Heil
verborgen:
Dem Geist Geborgenheit und helle Einsicht zu gewinnen.

Kleiner Unbekannter Traum

So find ich Dich
Mit meinen
Deinen kleinen
Großen Füßen, Füßchen
Vertraut und irre verdattert
Liebevoll dein Blick
Dein schwarzes Haar in Locken
Deine dicken Bäckchen
Ein schmunzelnd Lächeln
Welch Vaterglück!

So find ich Dich
Du schaust zu mir mein Schnucki
Wir schauen fern
Und spielen fliegen
Du quickst, quietschst und brabbelst

Und bist für mich ein rätselhafter Traum
Und irgendwie ein Teil von mir!

So find ich Dich
Bei jedem Tag,
In jeder Zeit,
In meinem Herzen
In Erinnerungen ein geschlossen
Dein Freudengelächter und dein fröhliches Lachen
Und deine lustige flüsternde Geheimsprache,
welches mich begleitet in der Erinnerung!
Doch kannst du mir nicht länger bleiben
Mein lieber Kleiner Unbekannter Traum.

Der Herbst

Dem Hitzekampf entronnen
Jubeln die Pflanzen
Der Herbst ist da
Wenn Land und Regen
Nebeltau der Natur Erholung schenken
Rufen die Starre: der Herbst ist da !
Der Herbst ist da
Die Vögel singen Abschiedslieder

Die Jungen werden Pflüge
Verlassen das heimische Nest!
Der Herbst ist da!
Der Boden saugt den Himmel leer
Der Sommer liegt da nieder
Rissig, trocken, verdorrt und leer
Der Herbst ist da
Das Leben erringt nun neue Kraft
Die Bäume saugen in Ihr Geäst neues Leben
Ein von der Hitzelast befreites Juchefallera breitet sich erhaben aus.
Ein Jauchzen zeigt in buntem Spektakel seine Pracht.
Nun schließt der durstige Boden alle Risse
Die Natur atmet auf in ehrfurchtsvoller Dankbarkeit
Und bereitet sich auf die Erholung vor
Der Wanderer bestaunt das sinnliche Panorama
Im innehalten erkennt der Mensch das gute in sich selbst

Der Herbst ist da!
Die Bäume wechseln ihre Farben, vom Grün zum Hellgelb und Rot.
Der Wind trägt den Duft der Erntezeit durch die feuchten Wiesen.
Die Vögel singen ihr Abschiedslied, bevor sie in den Süden fliegen.
Wild sprießen Pilze aus dem Boden hervor und bringen neues Leben ins Spiel.
Waldläufer erfreuen sich an leuchtenden Waldwegen und können die Natur genießen.

Die Sonne spendet nicht mehr so viel Wärme wie im Sommer, doch strahlt sie noch heller als je zuvor.
In der Herbstluft liegt eine besondere Magie, die für jeden spürbar ist.
Es ist die Zeit des Wandels – die Jahreszeit des Herzens. Der Herbst lädt uns alle ein zur Ruhe zu kommen, unseren Geist zu öffnen und unsere Seele wieder in Balance zu bringen.
Der Schreibstil ist sehr bildhaft und poetisch.

Brimbramborium

Vorsätze verschwinden in der Versenkung
Radioaktivität wird verscharrt
Bürgerproteste werden notfalls mit den Steuereinnahmen
Gewalttätig zum schweigen gebracht!
Haltlos wird der Kurs des Kommerz
Am Einzelnen vorbei zelebriert.
Und weiterhin ziehen die Politiker
An den Fäden der Macht.

Trotz allem Aufbegehrens bleibt dem Einzelnen
Nur das blinde Schreien im stummen, schwarzen Vakuum
Hilflos dahin treibend und nicht auch eine Betrügerei
erahnend!
Denn die sanftmütigen und wehrlosen:
Sind ein Opfer der großen Fische.
Und Morgenröte und Abendglut
Begleiten das immerwährende menschliche Treiben

Doch in jeder Nacht, die noch vor uns liegt
Kämpfen wir weiterhin um den Preis.
Gegen Brimbramborium und die Maschinerie der Elite.
Denn jeder von uns weiß, dass wir allein sind
Auf dem Weg zu einer besseren Welt.
Die alten Kräfte des Fortschritts erscheinen nun überall -
Ausdauer und Mut!
So graben wir tiefer in unser Herz und seine Kraftquellen
Und schauen hinter die Kulissen der Macht-Strukturen.
Es ist Zeit für uns aufzustehen und unsere Stimme zu
erheben;
Unsere Hoffnungen leben weiter!

Die Natur in uns Selbst

Ein Mann wie ein Baum!
Tief verborgen in uns lebt der Wald!

Lebt der Sinn für Ursprung und Natürlichkeit.
Tief in uns wurzelt der Baum, das Leben.
So wie die starke Linde uns mit ihren Ästen beschattet und umfängt:
Wie wir unter Ihr den Sommer feiern.
So ruht auch in uns diese starke Kraft;
Welche uns aufrecht hält.
Auch wir breiten die Arme aus:
Schützend über Andere
Um gemeinsam wie ein Baum im Wald!
Eine Gemeinschaft zu gründen.
Die Synthese Mensch Natur ward geboren

Ein Mann wie ein Baum,
Verborgen in uns allen,
Tief verwurzelt der Sinn für Ursprung und Natürlichkeit.
Werden wir stark gehalten vom Leben, das lebt.
In uns sind die Kräfte der Linde,
Sommernächte unter dem Schatten Ihrer Äste erfrischen unseren Geist.
Auch unsere Arme breiten wir aus,
Gemeinsam bilden wir den Wald,
Der Schutz gebend für Andere ist.
Mensch und Natur verschmelzen zu neuer Eintracht -
Hier entsteht eine tiefgründige Gemeinschaft.

Die Ketten des Jedermann [oder der Leid Grenzwert von Arbeit]

Feudale Ketten, geschmiedete Einigkeit
Wunden welche durch Hohn erstarren
Aufgerissene Mäuler aus denen das Blut der Begehrlichkeit
tropft.
Jede Dekade erschafft seine Bluthunde.
Kapitalistisches Strickgeflecht:
Wie sehr verflochten ist der Mensch mit dem System?
Gepeitscht und Fortgetrieben um gerechten Lohn zu suchen
Um dann Hohn, gespielte Einigkeit
Und spöttelnde Heiterkeit zu finden!
Zeiten ändern sich und das zu Recht!
Denen aber denen das Recht zu Teil wurde:
Es für sich tanzen zu lassen.
Steht auch ohne politisches Glasperlenspiel:
Eine Zukunft lächelnd ins Gesicht geschrieben

Der Jedermann trägt überall Ketten. Er ist an die Grenzen der Arbeit gebunden, durch die finanziellen und sozialen Strukturen, die uns einschränken. Er muss Tag für Tag hart arbeiten, um seine Lebensbedürfnisse zu befriedigen. Sein Leben lässt sich nicht mehr frei gestalten: er ist an den Lohn gebunden, der ihm das Nötigste gibt.

Auch wenn sich im Laufe der Jahrhunderte vieles verändert hat – auch heutzutage müssen Menschen noch mit dieser Ungerechtigkeit leben. Wir leben in einer Gesellschaft, in der es einen ungleichen Zugang zu Bildung, Chancen und Ressourcen gibt. Diese Ungerechtigkeit fordert viel von den Menschen ab; und doch kann man aus all dem Optimismus schöpfen: Es besteht Hoffnung darauf, dass dank einer politischen Umgestaltung des Systems jedem Einzelnen gleiche Rechte und Chancen offengehalten werden können.

Der Augenblick

Zweige wie vom Himmel abgeschnitten
Gedanken wie durch den Mixer gerührt
Eine inkontinente Würde
Windeln deren Schiss
Sogar Kinder erschrecken!
Eltern hektisch rotieren Sie in der Achterbahn des Lebens.
Ein Vogel pfeift fröhlich sein Lied!
Augenblick, Augenblick kann ich Dich fassen?
Weil du so unfassbar bist!

Du bist zu schnell, zu viel und zu schön
Um dich in Worte zu fassen.
Deine wilden Wellen der Gefühle,
Die meinen Verstand überwältigen
Der Rausch der Lebendigkeit,

Der mich gepackt hat und nicht loslässt.
Augenblick, Augenblick kann ich Dich halten?
Weil Du so unvergesslich bist.

Das unwahrwabene Seidengespinnst

Lachen, welch unerhörte Sünde, welch sündige Last
Welch unerhörte Tugend:
Du bist mein Glück und auch mein Frust!
Wenn an einem strahlend Frühlingsmorgen Gewitter uns
erwischt
Die Boten eines Frühlingsmorgen wie Brotlaib zerschnitten
ist.
Wenn Krallen sich in hungrige Mägen
Zersplitternd Falken bunte Federn frisst
Und Bomben Menschenfleisch zerstören!
Kenn ich mein Lachen nicht mehr,
Glaub mir, schäm ich mich

Ich lache, und es ist eine sündige Last. Eine Tugend, die ich
nicht mehr kenne. Du bist mein Glück und mein Frust. Wenn
an einem strahlenden Frühlingsmorgen ein Gewitter uns
erwischt, die Boten eines Frühlingsmorgen wie Brotlaib
zerschnitten sind. Wenn Krallen sich in hungrige Mägen
zersplittern und Falken bunte Federn frisst, und Bomben

Menschenfleisch zerstören! Kenn ich mein Lachen nicht mehr, glaub mir, ich schäm mich.

Der Menschenkult

Oh du Welt
Oh du Mensch
Du fröhlicher
Wir feiern deine Zeit
Oh du Sinnlichkeit
Oh du Beharrlichkeit
Wir feiern deine Zeit
Oh du Mensch
Voller Glanz und Glitzer Pracht und mit Lichterspektakel
Feiern wir deine Zeit
Die Welt des Kommerz liegt zu deinen Füßen
Die Geschenke sind beschirmt vom Baum
Oh du Mensch alle Jahre wieder feiern wir deine Zeit (Ironie)

Zu Weihnachten wird weniger das Fest und der christliche Gedanke und Barmherzigkeit gefeiert: der Mensch feiert sich selbst ! Statt oh Tannenbaum heißt es oh du Mensch: eine Satire auf das tatsächliche Weihnachten

Oh du Mensch!

Du bist es, den wir an Weihnachten feiern.
Voll Freude und ein bisschen Eitelkeit bereiten wir uns auf das Fest vor.
Wir sind so gerne reich mit Geschenken und Erwartungen, die nur von uns selbst kommen.
Wir geben uns alle Mühe, unser Heim zu schmücken, um anderen zu imponieren.
Es ist eine Zeit der Überraschungen und des exzessiven Konsums - alles für unsere eigene Befriedigung.

Doch was ist aus dem christlichen Geist dieses Festes geworden?
Wo sind die Worte von Barmherzigkeit und Dankbarkeit?
Nun versteckt hinter dem Glitzer des modernen Weihnachten, oh du Mensch!
Verloren im Kampf um Anerkennung und materielle Güter.
Es scheint als ob Friede und Liebe nur noch in besinnlichen Liedern existiert statt in unserem Herzen.
So freuen wir uns lieber über das letzte Gadget und teure Kleidung als unsere Mitmenschen zu ehren.

Oh du Mensch! Lasst uns an Weihnachten bedacht sein auf die Bedürfnisse anderer und uns selbst etwas zurücknehmen!
Rundum zuhören statt sprechen, schenken statt nehmen,

bewahren statt verschwenden - lasst uns endlich den wahren Sinn des Festes wieder entdecken. Und nicht nur zu Weihnachten sondern aller Tage wieder!

Windebur und Sonnenflur!

Überzeugung aus Wahrheit ist für jedermann die selbe Sache: Wie Verneinung aus Überzeugung aus dem Umstand des eigenen Selbstbetrugs heraus. Was subjektiv zur Wahrheit taugt, dient objektiv nicht für jedermann wahrhaftig. Allgemeingültigkeit muss erstritten oder zur Norm abgeschliffen werden. Prinzipien des Handelns scheitern an der subjektiven Selbstverblendung.

Die Individualität scheitert an der Norm der Massenverblendung und der Massenhysterie des dazu gehören Wollens!

Was uns bleibt ist das sich anpassen und sich anzugleichen um die Prinzipien seines Charakters der allgemeinen Norm zu opfern. Oder als Individualist zum Bollwerk gegen die Dekadenz der Welt zu erstarren. Gerade zu als Skulptur, als Kunstwerk, als Verkörperung von Individualität und Humanismus. Ein zu Stein erstarrter Freigeist: wie ein Faun der ohne Zähne lacht

Der Windebur und die Sonnenflur sind zwei metaphysische Wesen aus der russischen Mythologie, die das Symbol für die duale Natur des Universums widerspiegeln. Der Windebur steht für den kalten, rauen Wind, der über alles bläst. Die Sonnenflur dagegen symbolisiert Licht, Liebe und Güte in ihrer reinsten Form. Gemeinsam erzeugen sie einen Ausgleich im Universum, damit es im Gleichgewicht bleibt. Sie treten häufig als Paar in Erscheinung und verkörpern somit den Gegensatz von Gut und Böse sowie Hell und Dunkel.

Warum man sich entwickeln sollte,
Weil man sich entwickeln wollte,
Macht denn nicht Entwicklung Spaß?
Den will er doch der Mensch und soll ihn auch haben!
Wie einer dieser großen schwarzen Raben.
Wenn doch Zaubertrank uns nach vorne
Und aller Schabernack der Welt uns aus der Bahn nicht brächte:
So wäre Entwicklung unser höchstes Ziel:
Und unser Leben würde zur Zierde uns gereichen.
Weil Entwicklung reinstes Menschenrecht und Tugend aller Völker wäre.
Entwicklung nur allein ist der Mühsal Mühlrad schweres Gut:
Welches zu mahlen dem Menschen schwere Last aufbürdet
Und ihn niemals ruhen lässt! So gönnt er sich ein Fest und Ruh
Und scheisst auf sich entwickeln immer zu.
Weil einfach nur die Zeit gewinnt und der Mensch von jeher in seinen Bahnen spinnt

Doch ist es nicht die Natur des Menschen, sich zu entwickeln und Wissen anzueignen? Durch Weiterbildung, Erfahrung und Herausforderung kann man neue Fähigkeiten erlernen.

Indem wir uns weiter entwickeln, erreichen wir ein höheres Maß an Selbstvertrauen, Selbstrespekt und Zufriedenheit. Es schafft auch eine Grundlage für persönliches Wachstum und Entwicklung in jedem Aspekt unseres Lebens. Auch aus beruflicher Sicht ist es von Vorteil, sich weiterzuentwickeln: Man bleibt wettbewerbsfähig im Jobmarkt und verfolgt innovative Ideen und Projekte. Nur das Arbeitsamt weiß davon nichts, seine Unkenntnis ist symptomatisch, systematisch.

Durch den Einsatz neuer Technologien, das Lernen neuer Fertigkeiten und die Befolgung der letzten Trends kann man besser verstehen, wie sich unser Umfeld verändert hat. Das Beschleunigen des Verständnisses für soziale Konzepte oder praktische Anwendungsgebiete hilft uns auch beim Erkennen von Möglichkeiten, um weiter voranzukommen.

Entwicklung bedeutet also mehr als nur „mehr zu lernen" – es bedeutet auch eine andere Art des Denkens, so dass man besser zurechtkommt in unserer modernen Gesellschaft. Wir müssen uns ständig anpassen und verbessern, damit wir leistungsfähiger und effizienter arbeiten können. Es ist daher notwendig, offene Augen zu haben für alles Neue, was uns begegnet – sei es im Berufsleben oder im Privatleben.

Der nagende Zahn der Zeit

Die Zeit ist unvergänglich
Sie nagt beständig schmerzlich an Erinnerung
Das Glück ist vergänglich, Augenblicke verstreichen ungeliebt
Die Schmach, der Schmerz, das Leugnen der eigenen
Bedürftigkeit sind stets
absolut!
Sich Selbst, den Augenblick, die Sinnlichkeit: die Gelegenheit
zu leugnen:
Sind wie kalte Pfoten auf Beton.
Das Versagen wird unvergänglich!
Zur absoluten Größe des eigenen Lebens.
Es ist der Schmerz des getrieben seins:
Ein Zeitloses Treibgut des Kapitals:
Ein Menschenbündel dessen Zeit einzig dem System gehört!
Die Scham, die Hässlichkeit sich in sich Selbst und in der Welt
verloren zu glauben,
Wird bestimmt und gesteuert durch die Kontrolle einer
unvergänglichen Zeit!
Sie die Zeit wird zum Vasallen des Systems gemacht!
Sie welche gezwungen wird dem Menschen zur absoluten
Gewalt zum absoluten Schmerz zu werden:
Gepresst in ein Korsett von Zwang verliert Ihre Natürlichkeit
und Schönheit!
Zeit ist Geld!
Sie die Zeit wird zur unvergänglichen Ware im Rahmen eines
Staates
Dessen Prämisse nicht das Leben ist

Und dessen Prämisse nicht die Demokratie ist
Der Schmerz ist das Dogma einer zweckentfremdeten Zeit:
Eines zweckentfremdeten Menschenbildes!
Es ist ein unvergänglicher Schmerz:
Dem nicht zu entkommen ist

Die Zeit ist unvergänglich und sie lässt uns niemals los. Sie nagt an unserer Erinnerung, an unserem Glück und an kostbaren Momenten. Der Schmerz, die Scham und die Einsicht in eigene Bedürftigkeit bleiben stets absolut. Unser Versagen wird unwiderruflich Teil unseres Lebens sein.

Das System steuert uns mit seiner Kontrolle der unvergänglichen Zeit: Gefangen im Korsett des Zwanges verschwindet jegliche Natürlichkeit und Sinnlichkeit. Die Maxime „Zeit ist Geld" lässt uns zur Ware in einem Staat werden, dessen Prämisse nicht das Leben ist, sondern der Schmerz. Dieser Schmerz begleitet uns unaufhaltsam auf Deutsch High Road bis zum Ende.

„Das Ganze mehr als die Summe seiner Teile"

In Teilen teilen wir das Wissen
In Teilen teilen wir Vernunft
In Teilen teilen wir Gewissen

In Teilen scheinen wir gesund
Im Ganzen teilen wir nur die Teile
Im Ganzen ist das Ganze nichts
Im Ganzen sind wir uneins
Weil das Ganze nicht zu uns spricht
In Teilen teilen wir das Leben
In Teilen sind wir ganz famos
Als Teil des Teils die Welt zu sehen
Ist für uns souverän genug
Die Zeit ersetzt uns das Gewissen
Weil nur der Augenblick gewinnt.

In Teilen teilen wir unsere Ideen
In Teilen teilen wir unsren Glauben
In Teilen teilen wir unsere Hoffnung
Und bauen uns so eine neue Welt auf.
Im Ganzen tragen wir die Last der Verantwortung
Im Ganzen stehen wir für die Rechte des Einzelnen
Im Ganzen sind wir stark, denn alles ist möglich
Und gehen gemeinsam den Weg zum Frieden.
In Teilen errichten wir eine Brücke zu anderen Kulturen
In Teilen bemühen wir uns um Toleranz und Respekt
In Teilen schaffen wir einen Platz, an dem alle gleich sind
Doch nur im Ganzen kann unser Traum vom Miteinander
Wirklichkeit werden.

Im Wasser fand ich das Band zum Leben
Ein Taucher im Uterus
Bereit zum Sprung

Und doch zerreißt es dieses Band in Tränen
Der salzige Schmerz der feucht auf Ihren Wangen brennt
Die Sehnsucht nach den Liebsten
Das Wasser aus der Seele zwängt
Und wenn wir einsam sind
Ist die gemeinsame Träne
Das letzte Stücken Hoffnung das uns bleibt.
Und wenn der Fluss aus Tränen ausbleibt:
So auch das Hoffen und das Leben.
Welches auch das unsere war
Auf Hochdeutsch flossen die letzten Worte des Lebens
In einem klarem See aus Trauer und Sehnsucht.
Doch in jedem Tiefschlag liegt ein Funke,
Der uns Hoffnung schenkt und unser Herz erwärmt.
Es ist das Band zum Leben,
Das uns verbindet und befreit,
Uns immer wieder tröstet in Einsamkeit.
Und sollte der Fluss der Tränen versiegen:
Bleiben uns Erinnerungen – als Grundlage zu neuer
Hoffnung.

Der Retrospeck

Der Retro Speck muss weg
Gegenwartsbewältigung
Kultur der Vergangenheit
Zurück in die Zukunft
Nicht schizo- und auch nicht phren.
Wollen doch nur die Welt verstehen.

Ein schales Bier
Geschundene Zeit
Menschen welche sich gegenseitig erschlagen
Bigott zerschundene Seelen welche gegen den Heilland aufbegehren
Ein heiles Land doch wo?
Die Ferne sie ruft,
In der Nähe ertrinkt das Leben im Teer
Eine paradoxe Allegorie des Wahnsinns, das Leben.
Die Schrecken sind uns in die Wiege gelegt
Die Menschheit erfüllt gewissenhaft ihr Schicksal
Nicht länger erträgt die Welt das Possenspiel des Menschen:
Ertränkt die Erde immer mehr im Meer.

Das System, das uns umgibt, ist ungerecht und tiefgreifend
Eine Kultur der Gegenwart, die auf Entscheidungen des Vergangenen fußt
Doch wie können wir es ändern? Wie können wir von diesem Retrospeck befreit werden?
Es verlangt Mut und Kraft, aber auch Einigkeit und Zusammenhalt.
Die Lösung liegt in einer neuen Denkweise - nicht im Rückschauen, sondern vorwärts zu schauen.
Es erfordert Erkenntnis und Einsicht, aber auch Wissbegierde und Akzeptanz.
Lass uns die alten Konventionen durchbrechen und die Schönheit der Gegenwart feiern!

Der Mehrwert von Arbeit hat Reichtum erst ermöglicht und dazu geführt das die Produktivität durch Maschinen sich stetig immer weiter potenzieren konnte, doch obwohl Arbeit direkt uns dorthin geführt hat wo wir heute stehen: wird Arbeit nicht an dieser Produktivität finanziell mit beteiligt: nur das Kapital erhält seinen Anteil. Arbeit erhält keinen spezifischen Wert und auch Zeit erhält keinen spezifischen Wert. Es heisst immer Zeit sei Geld und Arbeit Sinn stiftend: aber Zeit ist vor allem Leben und wie Kann Arbeit Sinn stiftend sein wenn nicht einmal klar ist was Arbeit überhaupt ist! Der Arbeitnehmer wird ja nicht für die Arbeit per se bezahlt sondern erhält einen Pauschalen Betrag für jede Stunde Zeit die er sich mit Arbeit befasst und das mindesten 8 Stunden am Tag: dann sollte es ja auch zum Leben und zur Entwicklung von Wohlstand reichen, gemessen an dem Wert der Arbeit. Es ist weder geklärt was die Zeit des Menschen wert ist und ob der Anteil am privat Leben und zur persönlichen Entfaltung eins für alle Menschen gleiches universelles Menschenrecht ist? Das heißt viele Fragen wurden bewusst niemals geklärt und es wurden Theorien entwickelt die zu einem Dogma der Wahrhaftigkeit hoch stilisiert wurden ohne wirklich die Bedingungen des Systems verstehen zu wollen, die Theorien wurden wissentlich grob vereinfacht: allerdings war das Wachstum und der Wohlstand von Anfang an nicht für alle gedacht: es wurde bewusst eine Klassengesellschaft mit eingeplant.

Der Spiegel deiner Selbst!

Die Welt erkennt Dir nur das Stück Brot zu
Das Du Dir erkämpfst
Das Glück das Du unnachgiebig schützt und verteidigst
Nur den Respekt den Du gegenüber anderen einzufordern wagst
Nur die Selbstachtung und Würde welche Du Dir selber zugestehst.
Die Welt wird Dir nichts schenken ohne viel Gegenleistung zu erwarten.
Denn Jeder versucht sich zu behaupten:
So baut der Mensch unter dem Zwang von Außen eine Barriere gegen alles und jeden auf.
Bis zu dem Punkt wo man sich Selbst bekämpft.

Doch für Deinen Spiegel der Wahrhaftigkeit
Brauchst Du Blick und Verstand
Kannst Dich nur schützen wenn Du in Dir selbst bestehst
Das Elend dass die Welt Dir zuwirft abwehrst
Und mit Furchtlosigkeit dem Schicksal entgegensiehst
Erkenne Dich Selbst, erkenne Dein Talent
Schließe Frieden mit den Lastern sollte es mal sein.
Erlaube Dir Fehler und Irrungen, vergebe Dir dafür was auch immer kam
Halte stand gegen alle Widrigkeiten um eines Tages stärker als jemals zuvor zu sein.

Ausblick

Seit dem Beginn der Industrialisierung hat sich unsere Welt rapide verändert. Unvorstellbare Techniken ermöglichen uns ein unkompliziertes, bequemes Leben. Gleichzeitig hat unser Wohlstand die Umwelt seit Jahren verschmutzt und dazu geführt, dass die Welt heute vor drohendem Untergang steht. Doch nicht nur die Erderwärmung, sondern auch die Ungerechtigkeiten und Perversionen des Kapitalismus schaden uns. In diesem Sachbuch wollen wir uns der Weltuntergangspoetik und der Kapitalismuskritik widmen, um Anregungen und Ideen anzubieten, wie wir die Menschheit und den Planeten retten können.

Die Industrialisierung hatte viele positive Aspekte, aber auch einige schädliche Folgen. Erstmal ist es offensichtlich, dass sie unser Milieu sehr stark verschmutzt hat. Darüber hinaus sorgte sie auch für eine Ungleichheit der finanziellen Verteilung, die zunehmend größer wurde. So kontrolliert ein winziger Prozentsatz der Weltbevölkerung mehr als die Hälfte des Welteinkommens. Die Verbindung zwischen Umweltverschmutzung und dem Überleben des Menschen ist direkt und zwingend zu erkennen. Wenn wir in dieser schnelllebigen modernen Welt weiterhin existieren wollen, müssen wir etwas unternehmen.

Eine wichtige Säule unserer Weltrettung könnte die Weltuntergangspoetik sein. Diese besondere Form des Schreibens soll uns dazu bringen, uns nicht nur über das

Thema Gedanken zu machen, sondern auch uns dazu beginnen, ehrliche Lösungen zu suchen. Durch die Kombination von Literaturelementen und Forderungen nach nachhaltiger Entwicklung hoffen wir, Ideen zu initiieren, um den Weltuntergang abzuwenden.

Neben der Weltuntergangspoetik setzt sich die Kapitalismuskritik eindringlich mit dem Wohlstand und der Ungleichheit innerhalb der Gesellschaft auseinander. Obwohl wir einen stetigen Wohlstand erfahren, orientiert sich die Fundamentstruktur unseres sozialen Systems weiterhin an einer patriarchalischen und hierarchischen Struktur. Daraus resultieren ungerechte Einkommensverteilungen, das Leid unschuldiger Einwohner, ungleiche Bildungsmöglichkeiten und ein unverhältnismäßiges Verhältnis von Reichtum von einigen wenigen, während so viele andere weltweit unter Hunger und Armut leiden.

Es muss etwas getan werden, um die Welt zu retten und die Ungerechtigkeiten des Kapitalismus zu beenden. Die Weltuntergangspoetik kann eine starke Stimme gegen die Erniedrigung unschuldiger Menschen und den Raubbau der Erde sein. Auf der anderen Seite sollte ein Kritik an dem jetzigen System überwunden werden, um sicherzustellen, dass ein fairer Wohlstand für alle erreicht wird.

Als ich aufwachte, war die Sonne bereits untergegangen. Ich hatte verschlafen und es dunkelte schnell. Rasch sprang ich aus dem Bett, doch statt ins Bad zu laufen, blieb ich wie angewurzelt stehen. Da war etwas in der Luft - eine Spannung, eine Ahnung von Unheil.

Ich ging zum Fenster und sah hinaus. Die Straße lag verlassen da und die Gebäude waren dunkel. Nur ein paar vereinzelte Lichter brannten noch. In der Ferne konnte ich sogar Rauch aufsteigen sehen. Was war nur passiert?

Ich suchte nach meinem Handy, aber es lag nicht auf dem Nachttisch. Hastig durchsuchte ich das Zimmer, doch vergeblich. Auch mein Laptop und alle anderen Geräte waren weg. Es war, als hätte jemand alles mitgenommen, was elektrisch betrieben wurde.

Eine Stimme drang an mein Ohr und ich fuhr zusammen: „Willkommen in der postapokalyptischen Welt!"

Es sieht für mich so aus als würde gar manche Wirtschaftstheorie von einem eingefrorenen Zustand des Status Quo ausgehen, es wird eine Kategorisierung in Arbeitnehmer und Arbeitgeber vorgenommen und anhand dessen wird die Attraktivität von Arbeit und Entlohnung betrachtet. Warum diese Kategorisierung: ist nicht jeder Potentieller Arbeitgeber oder Arbeitnehmer, würde nicht ein dynamisches Model besser einen prozessorientierten fortschrittlichen Arbeitsmarkt beschreiben und sind nicht auch Chefs Teil dieses Arbeitsmarktes? Wenn jeder ein potentieller Chef wäre dann könnte der Status Quo so denken die Ökonomen nicht aufrecht erhalten werden: ich persönlich glaube das der Status Quo dadurch bedroht ist das die Menschen als Produktionsfaktoren, als reines Mittel zum Zweck missbraucht wurden und dadurch der Fachkräftemangel entstand! In einem System, bzw..

Lebewesen / Organismus wo jede Zelle die Fähigkeit hat sich immer wieder neu zu organisieren und zu strukturieren und Fähig ist autonom zu handeln finden wir die reinste Form eines organisierten Systems:so ist ein biologischer Organismus perfekt als vorbildliches Anschauungsobjekt um ein neues Wirtschaftsmodell zu entwickeln: weil ein lebender Organismus nicht statisch sondern dynamisch ist, genau wie der Mensch und die Welt nicht statisch sondern dynamisch ist. Allerdings wünschen sich die Mächtigen keine Aufklärung und keine Entwicklung der Massen: sie wünschen sich keine Selbstständigen Individuen welche sich ihre Träume erfüllen können. Vorrangig sind nur die Fähigkeiten wichtig welche dem Status Quo dienen: weiter sich mit dem Menschen befassen, geschweige denn zuhören bleibt lästige Pflicht: eine Klassengesellschaft ist bewusst gewollt.

Die Fähigkeiten und Talente der Menschen sind so vielfältig wie ihre Zahl sie vorbehaltlos zu fördern lohnt in wirtschaftlicher Hinsicht. Ich kenne den deutschen Staat nur so das er dahin Geld investiert was oft geschieht wo weder nach dem Menschen geschaut wird noch bringt es in wirtschaftlicher Hinsicht etwas: es dient oftmals nur dazu dem Menschen seine eigene Unmündigkeit vor Augen zu führen. Grundvoraussetzung für eine gute Arbeitswelt ist Mündigkeit und die Korruption von Arbeit zu unterlassen , wie soll sich sonst der Mensch entwickeln können?

Seit Karl Marx wissen wir das Arbeit subjektiv und individuell im Wert nicht verifizierbar sein soll, somit ist Arbeit komplett entkoppelt von der immer höher werdenden Produktivität von Maschinen, etc. was paradox ist da Arbeit an Maschinen stattfindet und der Mensch mindestens 8 Stunden in Symbiose mit der Maschine steht: Also trotz das Arbeit ein Teil der Produktivität ist und die Maschinenbesitzer von dieser Produktivität profitieren, werden die Menschen lediglich für die Zeit bezahlt und nicht für die Produktivität zu der sie beitragen. Der Kapitalismus ist bewusst so gestaltet um Arbeit aus dem entstehenden Mehrwert auszuklammern. Für verschiedene Bereiche Liese sich ein Zeit Mehrwert Koeffizient berechnen um nicht nur die Zeit der Menschen zu entlohnen, sondern auch ihre Arbeit: Die Logik und der gesunde Menschenverstand und mein co Autor die künstliche Intelligenz bestätigen hoffentlich meine Aussage: für mich scheint diese Hypothese schlüssig. Es geht gar nicht darum das ich Arbeit nicht mag, das aber auch der Wert der Zeit , die Lebenszeit der Menschen einen Willkürlichen pauschalisierten Wert erhält macht es noch komplizierter. Entweder der Arbeiter wird für seine Zeit bezahlt unabhängig von der Arbeit und dann braucht Zeit einen universellen Wert oder für die Arbeit wobei dann das Selbe gilt. Allerdings könnten die Unternehmen in unserer heutigen Welt auf dies Weise nicht Wettbewerbsfähig sein: also müssen die Staaten durch einen Zusammenschluss von emanzipierten Weltbürgern abgeschafft werden, denn ich sehe nicht das die Probleme dieser Welt durch sich widerstreitenden Nationen zu lösen sind. Wenn wir bis dahin noch leben sind wir vielleicht in 300 Jahren soweit!

Die Karten des politischen Establishments sind gezinkt das Spiel um Demokratie getürkt, so scheint es vielen Menschen am unteren Ende der Leiter und ja die Frage liegt nahe, wo kommen die Eingaben für Gesetzes Entwürfe her und durch welche Quellen wird der deutsche Staat beeinflusst, welcher von sich aus schon kein Interesse daran hat den Status Quo zu verändern. Wo kommen also die Gesetze her welche dem Menschen das Leben am unteren Ende der Leiter erschweren. Ist da eine Macht am Werk die im verborgenen bleibt,. Eine mächtige Gruppe welche die Geschicke unseres Landes beeinflusst? Ist das dann noch Demokratie? Ein Teil der Bevölkerung sitzt im Boot Beamte, Politiker und Staatsbedienstete mit trockenen Füßen, ja wir sollten alle in dem gleichen Boot sitzen doch die anderen treten Wasser um nicht unterzugehen . Der Staat das heißt der Teil der Bevölkerung welcher davor geschützt ist unter zu gehen beschuldigt die Arbeitslosen sie seien schuld daran das die Arbeitnehmer nicht ins Boot dürften. Viel subtiler funktionieren diese Mechanismen spielt der Staat die sich abstrampelnden Menschen und die schwächsten Gruppen gegen einander aus, jenen Teil der Bevölkerung welche die eigentliche Steuerlast tragen.nach dem Motto herrsche durch Spaltung und Zwietracht und was dabei auf der Strecke bleibt ist nicht nur Demokratie, Einigkeit, Frieden, Wachstum und eine gerettete Welt, nein auch der Mensch, sein Potential, sein Glück und seine Familie bleiben auf der Strecke: Es gibt unzählige Beispiele für dies Art der Korruption die nicht nur die Arbeit nein auch die Demokratie betrifft und als herausragende Galionsfigur dieser Bewegung ist mir PersönlichGerhard Schröder zu allererst aufgefallen. Als Sozialdemokrat hat er den Garten des Wirtschaftsliberalismus wunderbar aufblühen lassen, hat mal so auf einen Streich die Lebensleistung der Menschen weg gefegt, sich als guter Weihnachtsmann der

Versicherungswirtschaft gezeigt und einen Dschungel von Arbeitszeitfirmen aufgeforstet. Und nun würden die Menschen welche man auf der Straße fragt diese Herangehensweise für gut und akzeptable halten wohl eher nicht, aber wessen Plan steckt dann dahinter? Und dann die Frage was kostet den deutschen Steuerzahler diese perfide Korruption der Arbeit, eine Menge soviel sei mal klar gestellt. Mit dem Geld was der Staat in den Sand setzt Liese sich, würde für jeden Menschen garantieren: d.h. Ein erfülltes, glücklicher, nachhaltig aufblühendes Leben. Also warum dieses subventionierte Monster Bürokratie, welche der Korruption von Arbeit und Leben und der Kontrolle der.selbigen dient? Anstatt Arbeit zu flexibilisieren: vielleicht sollte man das Leben flexibilisieren um mehr Leben in die Arbeit zu integrieren! Wir stehen vor einer Zeitenwende wo nicht das Wohl einiger wenige sondern um das Wohl aller geht: also lasst uns daran gehen die Arbeitswelt und die Demokratie zu reformieren! Die unbestechlichen Menschen wünschen sich Veränderung!

Gute Gedichte welche Sinn Haft das

Wesen der Welt einfangen und deren

Kunstfertigkeit in einer schlichten gewaltigen

Schönheit dem Leser sich offenbart legen

sich wie heilsamer Balsam auf meine

Seele: Der Panther von Rainer Maria

Rilke ist für mich so ein Meisterwerk, das

meisterliche Spiel mit Worten und Bildern

berühren die Seele und erwecken

Empathie mit dem Panther: wir wissen um

sein Leid fühlen wir uns ja auch sehr oft
gefangen

© 2023 Andreas Fehrle
Herstellung und Verlag: BoD – Books on
Demand, Norderstedt
ISBN: 9783744831062